LA LIQUIDATION
DE L'EXPÉDITION D'ÉGYPTE
EN TURQUIE

PAR

M. HENRI DEHÉRAIN

CONSERVATEUR DE LA BIBLIOTHÈQUE DE L'INSTITUT
MEMBRE DU COMITÉ DES TRAVAUX HISTORIQUES ET SCIENTIFIQUES

(Extrait du *Bulletin de la Section de Géographie*, 1923.)

PARIS
IMPRIMERIE NATIONALE

MDCCCCXXIV

LA LIQUIDATION DE L'EXPÉDITION D'ÉGYPTE EN TURQUIE,

PAR M. HENRI DEHÉRAIN,
Conservateur de la Bibliothèque de l'Institut,
Membre du Comité des Travaux historiques et scientifiques.

L'article VI du Traité signé le 6 messidor an x (25 juin 1802) à Paris entre la France et la Turquie était ainsi conçu :

«Les restitutions et dédommagements, qui sont dus aux agents des deux puissances, ainsi qu'à leurs citoyens ou sujets, dont les biens ont, durant la guerre, été confisqués ou séquestrés, seront réglés équitablement par une convention particulière qui sera conclue à Constantinople entre les deux Gouvernements.»

Après avoir été détenu au château des Sept Tours pendant toute la durée de l'expédition d'Égypte, Pierre Ruffin, notre chargé d'affaires, avait été élargi le 8 fructidor an ix (26 août 1801). Par un accord tacite entre les deux Gouvernements français et ottoman, il avait immédiatement repris la direction de la légation de France. Il resta en charge officieusement, puis officiellement jusqu'au jour de l'arrivée du général ambassadeur Brune à Constantinople, le 16 nivôse an xi (6 janvier 1803).

Immédiatement après la conclusion du Traité de Paris, Talleyrand, qui était ministre des Relations extérieures, adressa à Ruffin une lettre de créance l'autorisant à conférer avec le Reys effendi, c'est-à-dire avec le ministre des Affaires étrangères, de l'exécution de cet article VI, et des instructions sur la marche à suivre dans cette négociation.

Les opérations à effectuer étaient de deux ordres : 1° restitution des immeubles français publics et privés séquestrés par le Gouvernement turc pendant la guerre; 2° versement d'indemnités aux Français résidant en Turquie en fructidor an vi pour compenser la spoliation de leurs biens mobiliers et l'injuste détention dont ils avaient été les victimes.

Ruffin mit tout son zèle à faire aboutir les négociations relatives aux restitutions des immeubles séquestrés, mais il se refusa obstinément à présider une commission dite des indemnités.

I. Formation et procédure de la commission des restitutions d'immeubles.

Pour obtenir la restitution des immeubles séquestrés, Ruffin tint avec deux commissaires turcs successifs dix-huit conférences, dont la première eut lieu le 13 fructidor an x (31 août 1802) et la dernière le 17 pluviôse an xii (7 février 1804), quand depuis longtemps il avait remis la direction de l'ambassade au général Brune. Il eut pour interlocuteur pendant les quatorze premières conférences, c'est-à-dire jusqu'au 7 floréal an xi (27 avril 1803), Ibrahim Bessim effendi, ex-Kiaya bey (ancien ministre de l'Intérieur) et, pendant les quatre dernières, Esseyd Ali effendi, ancien ambassadeur de Turquie en France.

Ruffin se fit toujours accompagner d'un ou de deux adjoints, soit du secrétaire Daniel Kieffer, soit des drogmans François Franchini ou Antoine Franchini.

De la première conférence, tenue chez Ibrahim effendi dans sa villa du Bosphore, Ruffin adressa à Talleyrand, le 14 fructidor an x (1er septembre 1802), un récit qui mérite, tant il a de saveur, d'être entièrement cité :

« Je profitai hier de quelques heures de calme, pour faire ce court trajet de mer dans le nouveau bateau à sept paires de rames sur lequel j'arborai le pavillon national. Au milieu d'une foule immense de curieux, attirée sur le rivage, moins encore par l'éclat de la dorure et la fraîcheur du coloris de cette felouque que par le tricolore, qui y flottait à leur grande satisfaction, je m'embarquai avec le Cen Kieffer, secrétaire interprète, Franchini, premier drogman de la légation, le baïraktar ou enseigne de ma garde d'honneur et une suite peu nombreuse, mais décente. Je me rendis chez Ibrahim effendi; je fus reçu à l'échelle par son kiaya, suivi d'un nombreux domestique et conduit à son belvédère, où je trouvai l'ancien beyliktchi effendi, maître des requêtes en exercice de la Porte, qui faisait les fonctions de secrétaire de la conférence, et un jeune drogman grec. Nous

nous assîmes tous les six et après les cérémonies et les compliments d'usage, je débutai par déclarer, au nom du Premier Consul, que la justice et l'équité étant les seuls régulateurs des demandes que j'avais ordre de faire à la Sublime Porte, je devais présumer qu'elles seraient entendues dans le même esprit.

«L'Effendi me répondit que la Sublime Porte se flattait de connaître l'élévation des sentiments et toutes les vertus qui distinguaient le très magnifique Premier Consul et qu'elle en inférait de son côté un accueil propice à ses propositions. Il ajouta une personnalité agréable pour moi que je tâchai de lui rendre sur le champ; et comme dans les premiers propos sur la beauté du site de la maison, dont la vue s'étend d'un côté sur le Bosphore et les côtes les plus riantes de l'Asie, et de l'autre sur les jardins et une pente douce facile à franchir à cheval pour gagner la plaine de l'Europe, il m'avait offert d'y faire quelque jour avec lui une cavalcade, mais autant que cet exercice pourrait convenir à mon âge, je me prévalus des égards qu'il inspire naturellement aux Turcs pour prendre sur moi de tracer la marche de notre travail.»

Jeu diplomatique dans lequel Ruffin excellait; il saisit l'occasion d'une phrase banale de politesse prononcée par son interlocuteur pour s'emparer de la direction de la négociation. Il dicte en turc une note au beyliktchi ou secrétaire et lui en remet une copie en français; puis il expose tout le programme des restitutions qu'exige le Gouvernement français et sur lequel nous reviendrons.

«Je ne me permettrai point encore, citoyen ministre, poursuit Ruffin dans sa dépêche, de préjuger le résultat de cette négociation ou le personnel de mon co-négociateur. L'aperçu a été trop rapide, pour que je puisse y asseoir une opinion. D'ailleurs les débuts sont tous séduisants et comme on n'y vient point au fait, l'accortise s'y déguise aisément; mais à vue de pays, Ibrahim effendi m'a paru moins jeune, moins vif que je ne l'avais cru, plus maniéré qu'instruit et aussi grec qu'ottoman.»

A la fin de l'entretien il lui remit une boîte :

«Elle fut acceptée avec joie et lorsque je m'excusai du peu de valeur matérielle de mon cadeau, l'Effendi me répondit qu'il était enrichi d'une médaille sans prix. Je pris congé de lui et nous marchions vers notre bateau, lorsque le kiaya nous remit, suivant l'étiquette, des mouchoirs brodés. Je ne pus me dispenser de faire distribuer à ses gens des étrennes considérables et que je réduirai dans les visites subséquentes. Nous nous rembarquâmes et revînmes en côtoyant l'Asie, pour y faire voir aussi le tricolore.»

L'automne venu, le siège des conférences fut transporté dans Stamboul.

«Le terme de la villégiature du Grand Seigneur étant arrivé, écrit Ruffin à Talleyrand le 6 brumaire an XI (28 octobre 1802), tous les Grands de la Porte se hâtèrent à son exemple de descendre en ville. La conférence, qui, suivant l'usage, devait avoir lieu sur le canal le jeudi 30 vendémiaire (22 octobre 1802), fut en conséquence renvoyée au lundi 4 brumaire (26 octobre)[1] pour être tenue à Constantinople dans l'hôtel d'Ibrahim effendi. Cet hôtel est dans le même quartier que celui du Reis effendi, c'est-à-dire fort éloigné de la mer du côté de Keras. Ibrahim qui est plein d'attention eut celle de faire avertir le chargé d'affaires qu'il enverrait des chevaux pour lui et pour les citoyens Kieffer et Franchini à l'échelle dite *Oun Capou* ou Halle aux farines. Nous y trouvâmes en effet en débarquant trois chevaux richement harnachés qui nous menèrent au Conak et nous ramenèrent, mais les donatives, par lesquelles il faut reconnaître cette prévenance, n'en sont pas moins un surcroît à la dépense déjà considérable de ces sortes de courses. L'accueil et les traitements gracieux que nous reçûmes en arrivant chez Ibrahim effendi nous firent bientôt oublier la longueur du trajet de terre et de mer et le désagrément de la pluie, qui nous avait accompagnés depuis le palais de France jusqu'à celui de cet ex-kiaya bey.»

Ni Ruffin ni Ibrahim effendi ne se départirent pendant leur longue controverse de la courtoisie la plus parfaite. Ce dernier le constatait avec satisfaction dans l'entretien du 30 ventôse an XI (21 mars 1803).

«Nous nous devons mutuellement la justice de dire que dans le cours de nos conférences, il ne nous est jamais échappé le moindre propos d'humeur.»

A l'issue de cette même séance il eut pour le négociateur français et ses collaborateurs une attention étrange que Ruffin rapporte en ces termes :

«La séance fut terminée par une cérémonie plus persane que turque. L'heure marquée par l'almanach de l'entrée du soleil dans le signe du bélier était sonnée. Ibrahim nous dit qu'il n'y avait rien de plus sain que de prendre dans cet instant même, où se faisait l'équinoxe du printemps, une

(1) Il y a là une erreur difficilement explicable : le 30 vendémiaire fut un vendredi et le 4 brumaire un mardi.

légère portion de certain électuaire, composé d'ingrédients des trois règnes. Il tira de son sein le vase qui contenait cette espèce d'opiat, en prit le premier et nous en fit ensuite les honneurs. On apporta immédiatement après du café et du cherbet, qui firent heureusement passer le goût peu agréable du fameux électuaire.»

Ibrahim Bessim effendi ayant été nommé kiaya bey, c'est-à-dire ministre de l'Intérieur, en prairial an xi (juin 1803), Esseyd Ali effendi lui succéda. Les quatre conférences que Ruffin eut avec lui se tinrent d'abord à Tchengel Keui, sur la rive asiatique du Bosphore, et ensuite au conak que le ministre habitait dans Stamboul.

Esseyd Ali effendi était né en Morée. «Il entend et parle le grec vulgaire peut-être plus volontiers que le turc», écrivait de lui Ruffin, surpris de voir son secrétaire Costaki prendre ses notes en grec vulgaire. «Une conférence minutée à Constantinople en idiome étranger n'en est pas moins une anecdote remarquable, que des observateurs musulmans tant soit peu moroses regarderaient comme un symptôme de dégradation nationale.»

Ce Grec était pourtant très ottoman, et beaucoup moins conciliant qu'Ibrahim Bessim effendi. Ruffin s'en aperçut dès la première conférence qui se tint le 20 thermidor an xi (8 août 1803). Ali effendi affecta de ne pas comprendre le français, bien qu'il l'eût appris à Paris, et il se fit traduire en turc l'allocution de Ruffin. Il chercha à remporter sur lui un premier avantage en opposant à ses demandes une contre-réclamation relative aux vingt navires turcs brûlés par les Français à Alexandrie après la dénonciation du traité d'El-Arich.

Les courses en caïque ou à cheval auxquelles Ruffin fut astreint pendant dix-huit mois étaient parfois pénibles pour un sexagénaire.

Il écrit à Talleyrand après la conférence du 4 fructidor an xi (22 août 1803) : «Le vent était très frais au N.-Est; ce ne fut pas sans être incommodés de l'air et des vagues que les Cens Ruffin et Franchini cadet parvinrent au Kiochk d'Ali effendi», sur le Bosphore. Dans son compte rendu de la conférence du 5 pluviôse an xii (26 janvier 1804), Ruffin, qui venait d'être malade, laisse entendre que l'accomplissement du devoir entraîne des conséquences désagréables pour un convalescent :

«Le C. Ruffin se rendit vers les onze heures du matin avec le C. Franchini aîné au palais de France pour y prendre des instructions du général ambassadeur (Brune). Il avait plu toute la nuit et il pleuvait encore.

Le C. Ruffin, dont la santé n'est pas bien affermie, aurait désiré pouvoir remettre la conférence à un autre jour, mais sur la première observation qui lui fut faite du bon effet de son exactitude au rendez-vous, malgré le mauvais temps il se mit en route vers la marine, fit le trajet du port, débarqua à l'échelle dite Baghtché-Capoussy et de là se transporta à cheval au conak d'Ali effendi, sis en face de la mosquée Osmanié.»

Et cependant, malgré la fatigue qu'il en ressentait, ces conférences ne lui déplaisaient pas. Il y exerçait sa maîtrise dans l'art de négocier avec les ministres turcs. L'orientaliste et le diplomate trouvaient également leur compte dans ces conversations où, autour du sujet discuté, s'enroulaient, comme font les tiges de lierre autour de l'arbre, finesses, malices, digressions historiques, compliments et salamalecs.

II. Revendications et restitutions d'immeubles.

Arrivons maintenant à l'objet même de la négociation conduite par Ruffin pendant dix-huit mois. Elle porta «sur la restitution des biens immeubles enlevés aux Français, de leurs papiers, des dépôts de chancellerie et d'autres effets en évidence», dit-il dans le protocole de la dix-septième conférence [5 pluviôse an XII] (6 janvier 1804).

En premier lieu, Ruffin demanda la restitution des maisons consulaires telles que celles de Larta, en Albanie, de Patras, du bourg de Sultanié aux Dardanelles et d'Alep.

Des difficultés d'espèces se présentaient souvent. Le Turc acquéreur de la maison consulaire des Dardanelles y avait fait des réparations. Si la maison était restituée aux Français, qui rembourserait ses frais au nouveau propriétaire ?

Autre difficulté à Alep. La maison, dont le consul Choderlos avait été tiré pour être emprisonné, était un bien *vakouf*[1] et le Consul de France ne l'occupait que comme locataire, conformément à un titre appelé *Kedik* dans le pays[2]. Or les Français emprisonnés pendant la guerre, qui n'avaient pu recouvrer leur liberté que moyen-

[1] Nous rappelons que les *vakoufs* sont des fondations dont les établissements religieux bénéficiaires ont l'usufruit, mais qu'ils ne peuvent pas aliéner.

[2] Cf. H. Dehérain, Les infortunes des Français d'Alep pendant l'expédition d'Égypte, *Syria*, 1922, p. 338-349.

nant une rançon de 132,000 piastres, avaient, pour se procurer de l'argent, vendu le *Kedik* 2,200 piastres à un négociant autrichien nommé Antoine Catafago. D'où pour Ruffin la nécessité d'obtenir d'abord la restitution du titre de location.

Les églises formaient le second groupe d'immeubles revendiqués par Ruffin, tels que l'église de Saint-Benoît, à Galata, qui avait été donnée par Soliman Ier à François Ier, l'église de Saint-Polycarpe, à Smyrne, l'église et le couvent des Capucins, à La Canée. Ruffin avait également à réclamer la restitution des propriétés privées. A Athènes et dans les environs, où les Français possédaient plus de propriétés que dans toute autre partie du Levant, les Turcs avaient confisqué, par exemple, à l'ex-consul Gaspary, deux maisons, deux jardins, dont l'un planté de cent soixante oliviers, et deux prairies; au C. Jean-Marc Gaspary, une maison, trois magasins, un champ, deux terrains, dont l'un planté de quarante-cinq oliviers; à Joseph-François Giraud, une maison et trois jardins. Dans la même conférence où il réclamait les maisons saisies à Athènes, Ruffin protesta contre la manière d'agir de lord Elgin favorisée par l'état de guerre existant entre la France et la Turquie. Les missionnaires français d'Athènes ont, dans leur église, écrit-il à Talleyrand le 2 frimaire an XI (23 novembre 1802), une antiquité précieuse :

«C'est la lanterne de Demosthènes, pièce de marbre colossale dont partie ressort dans la rue et le reste est enfoui sous le mur du couvent. Les artistes et ouvriers que la Cour de Londres emploie depuis quelques années à l'enlèvement des plus beaux monuments d'Athènes ont voulu mesurer aussi la lanterne de Demosthènes et ils avaient fait à cette époque des fouilles assez profondes pour endommager le dit mur. Sur le premier avis que j'en eus, je crus devoir m'opposer à toutes les tentatives de ce genre et défendre notre propriété. Je me suis donc plaint à la Porte de ses autorités constituées à Athènes, qui par une lâche et coupable tolérance avaient permis à des étrangers de violer cette propriété française, demandant qu'elles fussent rendues responsables de tous les dommages et préjudices qu'étaient déjà résultés et pourraient résulter à l'avenir d'une semblable incurie.»

Dans la conférence du 17 pluviôse an XII (7 février 1804), Ruffin réclame un établissement français d'*estivage*, sis à Smyrne et appartenant à la veuve Hérard. Il le décrivit à son co-négociateur Ali effendi et montra une fois de plus à quel point les usages du Levant lui étaient familiers. Les balles de laine et de coton étant des marchandises plus volumineuses que pesantes, dit-il en substance, on a imaginé une méthode de compression pour permettre aux navires d'en charger une grande quantité :

« Cette façon de charger n'est guère connue que dans le Levant et la Barbarie et s'appelle *estiver*, du mot arabe *istif* qui signifie mettre près à près, de là l'*estivage* pour exprimer l'opération mécanique dont il s'agit. Les *attracis* sont les bois et les cordages, les poulies et autres instruments qui, avec l'aide du cabestan, complètent le mécanisme de l'estivage. C'est un travail pénible et violent. Un équipage français malgré son activité ne peut le faire que dans six semaines; le navire qui le subit est tellement éprouvé dans sa membrure que son pont en est tout bombé. Comme, dans les temps les plus prospères, notre commerce a employé à Smyrne jusqu'à quatre cents bâtiments nationaux qui presque tous en partaient *estivés* pour la France ou pour l'Italie, les Français avaient formé dans cette Échelle un établissement d'*attracis* sur un terrain appartenant à Cara Osman Oglou. »

C'est de cet établissement, qui avait été confisqué par le Gouvernement turc et vendu par lui 17,500 francs au Consul anglais de Smyrne, que Ruffin réclamait la restitution.

Ruffin demanda également au Gouvernement turc de prescrire le relèvement des mâts de pavillons sur les maisons consulaires. Son insistance à cet égard ayant surpris les commissaires turcs, il leur expliqua que le drapeau « avait été le premier signal de l'amitié, la sauvegarde assurée des premiers étrangers qui vinrent trafiquer en Turquie et en Barbarie . . . De nos jours, ajouta-t-il, dans l'idiome moresque usité chez toutes les régences de l'Afrique », abattre le mât d'une nation « veut dire lui déclarer la guerre et le redresser est synonyme de faire la paix. Il est bien juste que qui a détruit réédifie ».

Les documents conservés dans les chancelleries de l'Ambassade et du Consulat de Smyrne, la bibliothèque et l'imprimerie établies dans le corps de logis habité par les jeunes de langue au Palais de France, enlevés en 1798, furent revendiqués par Ruffin.

Enfin, il insista encore sur les dommages éprouvés par un certain Florenville. Ce Français avait constitué, à Constantinople, une collection de tableaux et de gravures. Tous les ministres étrangers la connaissaient. Le capitan pacha Gazi Hussein s'était même déguisé pour venir la visiter et avait demandé à Florenville de lui en céder quelques pièces. Or cette collection avait été séquestrée et le prince Ypsilanti, drogman de la Porte en l'an VI, «ayant acheté à très bas prix des tableaux précieux appartenant au cit. Florenville», Ruffin «insinua la nécessité de prendre des précautions à son égard», avant son départ pour la Valachie, dont il avait été nommé hospodar.

Le commissaire turc avec lequel Ruffin négociait n'avait personnellement aucun pouvoir, il recevait les réclamations et les transmettait au Divan, d'où émanaient des firmans adressés aux autorités locales et prescrivant la restitution aux Français des biens confisqués. Procédure très lente, dont Ruffin se plaignait à son co-négociateur et dont le général Brune s'impatientait. «Pour revendiquer des propriétés aussi peu contestables, il n'était pas nécessaire de tant d'apprêts et d'un article du traité de paix», écrivait-il à Talleyrand le 2 germinal an XI (23 mars 1803).

Ruffin obtint pourtant des résultats très importants. Les deux premiers personnages de l'Empire; son ami le capitan Pacha Gazi Hussein et le sultan Sélim en personne désiraient effacer les traces de la guerre avec la France. «Ibrahim effendi, écrit Ruffin à Talleyrand le 2 frimaire an XI (23 novembre 1802), m'assura «qu'il avait souvent recours à cet oracle (le sultan Sélim), et il me confia qu'il en avait reçu en dernier lieu une réponse très flatteuse pour lui et très satisfaisante pour ses opérations, qu'elle portait entre autres choses les plus amples pouvoirs de faire des enquêtes sévères pour retrouver les effets et papiers des Français sans égard ni acception de personne, que la volonté souveraine était qu'il leur fût fait droit.»

A sa dépêche du 5 frimaire an XI (26 novembre 1802), Ruffin joint une «liste des commandements obtenus pour les restitutions». Ils concernent l'Albanie, Alep, Andrinople, Athènes, Brousse, Candie, la Canée, Chypre, Constantinople, Coron, les Dardanelles, Larta, la Morée, Patras, Rhodes, Salonique, Scio, Smyrne, Tripoli de Syrie. Et, pour toutes ces Échelles, ils prescrivent la restitution des immeubles appartenant aux Français avant la guerre, l'acquittement des sommes qui leur étaient dues lors de la déclaration de guerre, la recherche des papiers appartenant aux chancelleries, aux consulats et aux négociants.

«J'obtins, dit Ruffin, plus de 150 firmans de la Porte et une infinité de *bouyourdis* du Capitan pacha.... Dans toutes les Échelles

les Français rentrèrent en possession de leurs jardins, maisons et propriétés.»

A Scio, le Vice-Consul français rentra dans le couvent des Capucins, qui servait de maison consulaire. A Sultanié, aux Dardanelles, le Consul de France rentra pareillement dans sa maison, grâce à une lettre impérative «que reçut en frimaire an XI (novembre-décembre 1802), Hadim Zadé, préposé à la défense des Dardanelles. Voilà, parmi d'autres, deux conséquences de l'envoi des *bouyourdis* obtenus par Ruffin de Gazi Hussein pacha.

A Constantinople même, tout le matériel de l'imprimerie enlevé dans le logis des jeunes de langue fut remis, le 28 vendémiaire an XI (20 octobre 1802), au secrétaire Daniel Kieffer.

L'église de Saint-Benoît, de Galata, fut rendue solennellement à Ruffin, le 21 vendémiaire an XI (13 octobre 1802), par les autorités du quartier de Galata en vertu d'un khatti chérif, c'est-à-dire d'un acte émanant personnellement de Sélim III.

«Le voïvode ou gouverneur et le substitut du molla de Galata s'y rendirent en pompe. Je m'y étais déjà transporté à la tête de la légation et de tous les individus de la nation qui se trouvaient en ville. Le firman fut lu à haute voix par le substitut du molla, et le juge, de concert avec le voïvode, me firent la consignation de l'Église, du couvent et de tous les biens qui en dépendent, et je reçus le tout au nom du Premier Consul.»

III. Ruffin et la Commission des indemnités.

La restitution des immeubles confisqués ne formait que la plus simple des opérations prévues par l'article VI du traité signé à Paris le 6 messidor an X (25 juin 1802). Il restait au Gouvernement français à obtenir du Gouvernement ottoman le payement d'indemnités aux Français spoliés et emprisonnés pendant la guerre.

Le Ministre des Relations extérieures avait invité Ruffin par une lettre datée de messidor an X à conduire l'ensemble de la négociation, et l'avait nommé président d'une Commission chargée de rédiger le travail préparatoire. «J'avais pressenti la nécessité de ce travail et m'étais déjà occupé de la collection des réclamations.» Mais cette enquête préliminaire lui prouva la difficulté de la tâche. «Ce que j'en avais déjà rassemblé suffisait pour me faire préjuger de l'exagération que la plupart des réclamataires s'étaient permise dans leurs états et de la difficulté insurmontable que j'éprouverais à réduire leurs demandes. »

S'il consentit donc à traiter, comme on l'a vu, avec le commissaire turc, la restitution des immeubles confisqués, il se refusa, avec une obstination invincible, à se charger de la négociation relative aux indemnités.

Dès le 11 thermidor an x (30 juillet 1802), il remercie Talleyrand d'avoir confié ce soin à son zèle : « il y a plus de quarante ans que ce zèle a pris pour devise celle des Hospitaliers de Saint-Jean de Jérusalem l'*alto non temo e l'umile non sdegno* », mais il ne se sent pas de force à remplir cette tâche et il conseille de confier la présidence de la Commission à un agent libre de toute attache dans le Levant.

L'accroissement du nombre des « réclamataires » pendant l'an xi confirma Ruffin dans sa résolution.

On pouvait les diviser en quatre groupes. Le premier était formé par les agents diplomatiques spoliés et maltraités, tels que, pour nous borner à citer quelques noms : Jean-François Rousseau, consul général à Bagdad, et Fauvel, vice-consul à Athènes, Flury, ex-consul général en Valachie, et Parent, ex-vice-consul en Moldavie, Jeanbon Saint-André et Choderlos ex-consuls généraux à Smyrne et à Alep. Une réclamation de 35,291 piastres était présentée par Ruffin lui-même et une autre de 2,987 piastres par son gendre Barthélemy de Lesseps. Des indemnités de 6,600 et 55,000 piastres étaient respectivement demandées par le général Carra Saint-Cyr et par sa femme[1], spoliés de leurs biens après leur départ de Constantinople.

Jeanbon Saint-André, devenu Commissaire général du gouvernement dans les nouveaux départements de la rive gauche du Rhin, informé que Ruffin a demandé à Smyrne des notes sur les pertes éprouvées par les Français, lui écrit de Mayence le 14 germinal an x (4 avril 1802). Il réclame « la juste indemnité qu'on devrait aux tourmens qu'on lui a fait subir » :

« Mon mobilier, mon linge, celui de mon neveu Belluc, tout a été saisi et ce qui a échappé au pillage a été vendu pour la modique somme de

[1] Carra Saint-Cyr avait épousé la veuve du général ambassadeur Aubert du Bayet.

1,919 piastres. Ne pouvant pas produire d'inventaire, parce que je n'en avais pas, je dois m'en rapporter à vous puisque les intérêts de la France et des Français en Levant vous sont confiés. J'ai l'espoir que cette confiance ne sera trompée pour personne et c'est le motif qui dicte cette lettre.»

Ayant appris la mort du baron d'Herbert, internonce impérial à Constantinople en l'an VII, qui avait inspiré, supposait-il, la décision prise par le Divan de reléguer les Français dans les forteresses d'Anatolie, Jeanbon Saint-André termine sa lettre par cette morale :

«Le baron d'Herbert est mort, citoyen chargé d'affaires; ainsi passent et s'évanouissent l'orgueil des rangs, l'éclat des grandeurs et la funeste influence d'un pouvoir qui n'est pas réglé par la bonté. Tout s'ensevelit dans le tombeau, hors cette probité sévère qui rend à chacun ce qui lui est dû. La terre le couvre à peine et déjà qui se souvient que M. d'Herbert a existé, sinon les malheureux dont il a si vivement sollicité la proscription.»

Le second groupe des réclamants était composé des médecins, dentistes, capitaines au long cours et des négociants de toute catégorie. Un certain Joachim de Voulx, négociant à La Canée, se fit recommander à Ruffin par César-Guillaume de La Luzerne, ancien évêque de Langres, émigré, réfugié à Trieste[1]. Faisant état de leur camaraderie à Louis-le-Grand et des relations de Ruffin avec son frère, l'ancien Ministre de la marine, Monseigneur de La Luzerne lui écrivit donc le 11 janvier 1803 :

«Ce que je vous demande est de vouloir bien protéger spécialement M. Joachim de Voulx, qui a été dépouillé de tout ce qu'il avait et très maltraité dans sa personne. J'ai eu beaucoup d'obligation à lui et à sa famille et je vous en aurai une très grande des services que vous aurez la bonté de lui rendre.»

Les artisans composaient le troisième groupe des réclamants et les barataires et autres protégés français le quatrième.

Leur nombre s'éleva à 382, et le total des sommes qu'ils demandaient à 11,073,470 piastres. Ces réclamations arrivèrent à Ruffin de toutes les provinces de l'Empire ottoman, de la Valachie à l'Égypte, d'Athènes à Bagdad, exactement de trente-neuf grandes et petites Échelles.

[1] Rentré en France en 1814, Mgr de La Luzerne fut fait cardinal en 1817; il mourut en 1821.

Parmi ces réclamants, beaucoup étaient les subordonnés de Ruffin, beaucoup aussi ses amis personnels. Il jugeait leurs demandes exagérées; les faire réduire «était une difficulté insurmontable», les défendre contre les négociateurs turcs blessait sa conscience. D'où son opiniâtreté à décliner la tâche qu'on voulait lui imposer.

Mais il se faisait des illusions, s'il se croyait par sa lettre à Talleyrand du 11 thermidor an x (30 juillet 1802) quitte de cette affaire. Elle allait l'obséder pendant tout le cours de l'an xi.

Le Ministre des Relations extérieures attachait une grande importance à obtenir une solution satisfaisante, ainsi que le prouve le passage suivant des *Instructions* qu'il remit au général ambassadeur Brune avant son départ pour Constantinople.

«Cet objet intéresse essentiellement le commerce français et tient d'ailleurs à la dignité du gouvernement de la République offensé dans ses agents par leur détention et la spoliation de leurs biens.

«Les restitutions et les compensations qui seront accordées à nos agents sont une réparation nécessaire qui doit signaler leur rétablissement et effacer l'impression fâcheuse des persécutions dont leur personne et leur agence furent l'objet au commencement de la guerre. Les sujets ottomans, à quelque classe qu'ils appartiennent, ont besoin d'être conduits aux sentiments qu'ils doivent aux étrangers par l'exemple même de leur souverain. Ils ont été atroces et injustes envers nous, quand ils ont vu que leur gouvernement était atroce et injuste. La satisfaction que ce gouvernement doit accorder à nos agents, par suite de l'article VI [du traité du 6 messidor an x], indiquera suffisamment aux sujets turcs le respect qu'ils doivent désormais aux agents de la République.»

Porteur d'instructions aussi énergiquement formulées, Brune devait considérer qu'obliger le Gouvernement ottoman à payer les indemnités formait l'une des parties importantes de sa mission. Il ne tarda pas non plus, après son arrivée à Constantinople en nivôse an xi, à se rendre compte que, de tout le personnel de l'ambassade, l'agent le mieux qualifié pour réussir dans cette tâche était Ruffin.

Bien que celui-ci lui eût remis le 10 ventôse an xi (1er mars 1803) un dossier comprenant ses lettres à Talleyrand du 11 thermidor an x (30 juillet 1802), du 5 fructidor an x (23 août 1802), du 6 brumaire an xi (28 octobre 1802) dans lesquelles «il persistait à démontrer son impuissance physique et morale à se charger de cette opération», le général ambassadeur insista sans merci.

L'affaire arriva à sa phase décisive le 18 germinal an XI (8 avril 1803). Il y eut entre Brune et Ruffin une scène, dont tous deux ont fait le récit :

«Depuis huit jours, écrit Brune à Talleyrand, je pressai le C. Ruffin d'accepter la présidence de la Commission ; il s'y est toujours refusé. Je l'ai tenu hier plus de deux heures dans mon cabinet sans pouvoir le décider. Je lui ai représenté qu'une pareille présidence demandait un homme qui connût le Levant et par conséquent les agents de la République, leur fortune, les commerçants, leur fortune, leur réputation et le train de leurs affaires, qu'il fallait en outre que le président de cette commission eût non seulement une réputation de moralité et de lumières, mais encore le crédit que donne le désintéressement dans l'objet qu'on traite et l'autorité que donne la confiance du gouvernement. Le C. Ruffin, tout en convenant de la difficulté du choix et que les qualités requises étaient les siennes, n'a pu encore accéder à mon désir. Je lui ai donné trois jours pour y réfléchir.»

Le même jour, 19 germinal an XI (9 avril 1803), Ruffin écrivit à Talleyrand qu'il persistait dans son refus parce qu'il considérait «l'irréussite du travail comme assurée entre ses mains», et que cet échec le déshonorerait.

«Tout en lui témoignant mon chagrin de mon impuissance à rendre ma longue expérience et mes connaissances locales encore utiles à la chose publique, au soulagement de tant de Français ruinés par le fait de la guerre et pour la plupart mes compagnons d'infortune, je crus pouvoir demander au général ambassadeur s'il serait juste que je fusse sacrifié et condamné à la perte de mon honneur et cela parce que j'étais réputé l'homme le plus propre à l'opération dont il s'agit. Cette faible aptitude et le zèle que j'ai mis à l'acquérir et celui qui l'a tenu en activité depuis nombre d'années à travers les dangers, les détentions et les souffrances, bien loin de me procurer quelques ménagements, devront donc ne m'en laisser aucun.

«La sensibilité du général ambassadeur ne pouvait résister à ce que cet argument avait de vrai et de touchant, mais à son tour il m'exposait avec une vérité non moins sensible pour moi l'embarras où il se trouvait lui-même, pressé par tous les intéressés d'entamer l'affaire des indemnités, craignant de contrarier le plan tracé par le gouvernement, n'osant point s'opposer au choix que le Premier Consul avait fait de mon chétif individu pour présider la Commission. A ce nom, citoyen ministre, je vous avoue que je sentis tout mon courage se ranimer. J'oubliai mon âge, mes infirmités. Je me reprochai le refus que, pour la première fois de ma vie, j'avais fait d'un travail pour l'État. Mais la pensée désolante de l'impossibilité physique et morale de le faire avec le moindre succès, d'opérer le bien, me rejeta bientôt dans mon premier découragement, me rendit tout le sentiment de mon impuissance. Mon dévouement, ainsi que j'ai déjà pris la liberté de vous le déclarer, résiste à tout, excepté au déshonneur. Le général ambassadeur reste donc persuadé que je dois accepter la présidence de la Commission d'indemnités et moi, quelque affligé que je sois (comme je ne cesse de le lui témoigner) du besoin que j'ai de repos, je demeure ferme dans l'espérance que vous voudrez bien m'obtenir le congé que j'ai eu l'honneur de vous demander.»

Le général Brune, supposant que Ruffin n'oserait pas résister si on le mettait devant un fait accompli, lui écrivit le 23 germinal an XI (13 avril 1803), qu'il avait composé la Commission des indemnités de trois membres : des deux députés du Commerce, Gravier et Anthoine, et de lui-même, et qu'il l'en avait nommé président.

Bien que le lendemain, 24 germinal (14 avril), Ruffin ait refusé cette présidence par lettre motivée, Brune prit, le 25 germinal, l'arrêté suivant :

«L'Ambassadeur de la République française près la Sublime Porte arrête :

«Le C. Ruffin, ex-chargé d'affaires de la République française près la Porte ottomane, est nommé président de la Commission chargée de l'examen des réclamations sur les indemnités, restitutions et compensations à exiger du gouvernement ottoman en faveur des citoyens dont les biens ont été confisqués ou séquestrés pendant la guerre.»

Brune.

Mais Ruffin ne se laisse pas ébranler, et maintient son refus. Fort mécontent, Brune en informa Talleyrand le 27 germinal an XI (17 avril 1803) en lui demandant de rappeler Ruffin :

«Vous combinerez sans doute dans votre sagesse, citoyen ministre, quelles sont les nouvelles fonctions ou l'emploi de retraite qui convient au C. Ruffin à cause de son grand âge et de ses nombreuses infirmités.»

Mais six semaines plus tard, un revirement, dont les phases nous échappent, s'est produit dans l'esprit du général Brune. Les scrupules de Ruffin lui paraissent fondés et dans une lettre à Talleyrand du 15 prairial an xi (4 juin 1803), il explique son refus :

«Les obstacles que le C. Ruffin a rencontrés depuis neuf mois de la part du gouvernement ottoman à la restitution des propriétés immeubles et des dépôts de chancellerie, qui devraient être sujets à moins de discussions que celle des autres propriétés dont les Français ont été dépouillés lui font appréhender que l'issue de toutes les négociations n'exclue le mécontentement général et ne couvre de déshonneur ceux qui s'en seront chargés.»

Puis se fondant sur les instructions prescrivant à Ruffin dans le cas où «la Porte élèverait des prétentions de rejeter toute demande de balance et de faire renvoyer au Ministre ottoman à Paris toutes réclamations turques pour être présentées au Gouvernement français», il suggérait au Ministre de «transférer et de suivre à Paris toute la négociation de cette affaire».

Le général Brune avait trouvé ce moyen ingénieux de se décharger de cette affaire désagréable.

Le Ministre n'entra pas dans ses vues, mais un autre biais fut découvert.

Le général Brune fut revêtu d'un plein pouvoir spécial pour négocier les arrangements définitifs prévus par les articles VI et VII du Traité de Paris du 6 messidor an x. Il convint avec la Porte qu'il serait nommé deux commissaires respectifs pour discuter tout ce qui avait rapport à chacun de ces articles. Puis il nomma Ruffin commissaire pour la France et lui adressa le 9 floréal an xii (29 avril 1804) une aimable lettre, dont voici un passage :

«Vous sentez bien que j'ai dû penser qu'après avoir si bien rempli les intentions du gouvernement pour une partie essentielle des indemnités stipulées dans ledit article, vous voudrez bien accepter une commission qui vous mettra à portée d'achever ce qui reste encore à faire pour la restitution et compensation de l'autre classe des biens français. Je sais combien l'altération de votre santé vous rendra pénibles vos nouvelles fonctions et j'ai dû compter sur votre dévouement accoutumé en vous les proposant, mais les sentiments que vous avez pour moi et ceux que j'ai pour vous ne me laissent pas douter que vous ne fassiez encore avec plaisir le sacrifice de vos veilles pour le succès de la négociation dont je suis chargé.»

A cette lettre était joint l'arrêté suivant :

«Le général Brune, conseiller d'État, ambassadeur de la République française près la Sublime Porte, arrête :

«Le C. Ruffin est nommé commissaire à l'effet de discuter avec le commissaire nommé par la Sublime Porte tout ce qui a rapport à l'article 6 du Traité de Paris relatif aux indemnités.»

«Fait à Constantinople le 9 floréal an xii.»

Brune.

«N'ayant jamais fui la peine», mais affranchi désormais de toute responsabilité vis-à-vis de ses compatriotes des Échelles, Ruffin accepta cette mission. Il expliqua sa conduite à Talleyrand dans cette lettre datée du 19 floréal an xii (9 mai 1804) :

«Plusieurs motifs, l'un plus puissant que l'autre, m'ont déterminé à recevoir avec gratitude des mains du général ambassadeur ce gage de sa confiance et ce nouveau moyen qu'elle me présente de concourir à ses succès. Vous connaissez, citoyen ministre, toute l'ancienneté de mon vœu à cet égard.

«*Simple commissaire* sous les yeux et à portée des instructions du plénipotentiaire qui m'a délégué, je m'attends à un travail pénible, à des fonctions fatigantes. Vous savez, citoyen ministre, que j'ai toujours montré sur ce point une bonne volonté qui passe mes forces. Mais je n'aurai pas devant les yeux la perspective effrayante, que m'offrait la présidence, d'une responsabilité individuelle envers une multitude d'intéressés. Le titre plus modeste de commissaire sous lequel la même tâche vient de m'être imposée n'a pas peu contribué à me la faire accepter, mais ce qui a véritablement vaincu mes hésitations est la lecture de la dépêche, dont vous m'avez honoré le 11 vendémiaire dernier.

«Le prix que vous daignez y donner à mes connaissances locales, à mon habitude de traiter avec les Ottomans, à la considération personnelle qu'ils m'accordent m'a persuadé, citoyen ministre, que je pourrai, comme vous le désirez, prolonger mon séjour ici utilement pour la discussion de l'article 6 et peut-être encore pour l'article 7, qui est celui des douanes, matière que j'ai eu occasion d'approfondir en France et en Turquie.

«Cet espoir et celui de mériter de nouveaux bons témoignages de votre part auprès du Premier Consul raniment tout mon courage et m'inspirent le plus ardent désir de lui donner de nouvelles preuves de mon dévoûment.»

IV. Les victimes de l'expédition d'Égypte.

Cette Commission dans laquelle Ruffin avait accepté les fonctions de Commissaire français ne fut jamais constituée. A l'ambassadeur maréchal Brune succéda comme chargé d'affaires Parandier, et à Parandier, Ruffin lui-même, mais jamais le gouvernement turc ne nomma le Commissaire avec lequel il aurait dû négocier.

Cependant les Français spoliés n'oubliaient pas leurs créances. A l'instigation de la Chambre de commerce de Marseille, Thibaudeau, préfet des Bouches-du-Rhône, réclame le 28 nivôse an XII au Ministre des Relations extérieures en faveur des négociants marseillais ayant éprouvé des pertes pendant la guerre les restitutions stipulées dans le Traité.

Mure, consul de France à Odessa, écrit à Ruffin le 28 floréal an XII (18 mai 1805).

« J'avais pris la liberté de recommander à votre attention mes réclamations en indemnités, et dans le besoin où j'ai été jeté par les suites de ma captivité, je pensais que vous me pardonneriez cette importunité. Ne pourrais-je pas dire avec vous que cette affaire n'a pas été conduite relativement au caractère des Turcs, que dès l'arrivée du général elle aurait dû être menée comme la première de l'ambassade, et l'unique dont le chef était occupé. En fait de réclamations d'argent avec les Turcs, un principe admis par les personnes qui les ont fréquentés longtemps, c'est que toutes les négociations de cette nature doivent être brusquées à l'aide même de quelques menaces, s'il est nécessaire, M. le général aurait ainsi réussi et serait parvenu sinon en totalité du moins en grande partie à verser la consolation chez mille familles que la guerre avait ruinées. »

Le général Sébastiani est nommé ambassadeur de France à Constantinople le 2 mai 1806, et la question des indemnités est signalée à son attention dans les *Instructions*. Toutefois au lieu de poursuivre la convocation de la Commission franco-turque, Sébastiani est invité par le Ministre à obtenir du gouvernement ottoman une somme forfaitaire de dix millions de francs à répartir entre les Français spoliés.

Son arrivée à Constantinople ranima les espérances. Jean Chod-

Erlos, qui était consul général à Smyrne, écrit à Ruffin le 17 septembre 1806 :

«L'heure de la retraite me tinte à l'oreille et cette perspective douloureuse me fait bien désirer de savoir franchement à quoi doivent s'en tenir les agents sur l'objet des indemnités qu'on leur fait espérer depuis si longtemps. Après avoir été si complètement dépouillé à Alep de presque tout ce qui me restait et les modiques appointements dont je jouis à Smyrne comparativement aux dépenses qu'exige mon poste ne me permettant pas d'en retrancher pour secourir les miens, vous sentez, Monsieur, de quelle importance il devient pour moi que les indemnités soient payées et surtout de savoir à peu près à quoi m'en tenir à cet égard.»

Il revient encore sur ce sujet dans une lettre du 8 avril 1807.

Florenville, le possesseur de tableaux auquel Ruffin s'était, nous l'avons vu plus haut, particulièrement intéressé, lui écrit de Paris, le 30 septembre 1806 :

«Les témoignages que vous m'avez donnés à Constantinople de l'intérêt que vous avez mis dans l'affaire de mes réclamations m'autorisent en quelque façon à vous prier de vouloir bien me continuer vos bontés à cet égard, actuellement que l'arrivée de S. Exc. M. l'Ambassadeur va remettre cette grande affaire en mouvement et à laquelle vous présiderez indubitablement.»

Un certain Berthier, mécanicien à la manufacture d'armes de Versailles, attend du gouvernement ottoman «d'être indemnisé des pertes faites à son service». En 1806 il demande au Ministre des Relations extérieures le résultat des démarches faites à Constantinople dans cet objet.

Anne-Marie Rousseau, veuve du consul général Jean-François Rousseau, adressa directement à l'Empereur la lettre suivante, en 1809 vraisemblablement :

«Sire, la soussignée ose rappeler ici à Votre Majesté les pertes que feu son mari a faites dans l'arrestation et l'exil qu'il souffrit de la part des Turcs, lors de la conquête de l'Égypte par vos invincibles armées. Ces pertes montent à soixante mille francs et malgré les vives et instantes sollicitations qu'adressa à plusieurs reprises son dit mari à Paris et à Constantinople sur cet objet, et malgré les promesses flatteuses qu'il en reçut dans le temps, elles ne furent point suivies des indemnités auquelles il s'était toujours attendu.»

Ces demandes demeurèrent sans résultat. Rien ne fut obtenu des Turcs ni par Sébastiani ni par Latour-Maubourg, qui lui succéda comme chargé d'affaires. Et Choderlos le consul, et Florenville le collectionneur, et Berthier le mécanicien et la veuve Rousseau, et tous les Français victimes des Turcs furent frustrés de toute indemnité pour les dommages et l'indigne traitement qu'ils en avaient éprouvés de l'an vi à l'an ix.

www.ingramcontent.com/pod-product-compliance
Ingram Content Group UK Ltd.
Pitfield, Milton Keynes, MK11 3LW, UK
UKHW020453220726
13923UKWH00006B/2515

9 782329 080529